Para

com votos de paz.

Divaldo Franco
Pelo Espírito
Joanna de Ângelis

Momentos Enriquecedores

EDITORA LEAL

SALVADOR
3. ED. – 2024

©(1994) Centro Espírita Caminho da Redenção
Site: https://mansaodocaminho.com.br
Edição: 3. ed. – 2024
Tiragem: 3.000 exemplares (milheiros: 19.800)
Coordenação editorial: Lívia Maria C. Sousa
Revisão: Adriano Mota • Lívia Maria C. Sousa • Plotino da Matta
Capa: Cláudio Urpia
Editoração eletrônica e programação visual: Ailton Bosco
Coedição e publicação: Instituto Beneficente Boa Nova

PRODUÇÃO GRÁFICA
LIVRARIA ESPÍRITA ALVORADA EDITORA – LEAL
E-mail: editora.leal@cecr.com.br
DISTRIBUIÇÃO: INSTITUTO BENEFICENTE BOA NOVA
Av. Porto Ferreira, 1031, Parque Iracema. CEP 15809-020
Catanduva-SP.
Contatos: (17) 3531-4444 | (17) 99777-7413 (WhatsApp)
E-mail: boanova@boanova.net
Vendas on-line: https://www.livrarialeal.com.br

Dados Internacionais de Catalogação na Publicação (CIP)
(Catalogação na fonte)
BIBLIOTECA JOANNA DE ÂNGELIS

F825   FRANCO, Divaldo Pereira. (1927)
       Momentos de enriquecedores. 3. ed. / Pelo Espírito Joanna de
   Ângelis [psicografado por] Divaldo Pereira Franco, Salvador: LEAL,
   2024.
       152 p.
       ISBN: 978-65-86256-48-2
       1. Espiritismo 2. Meditação 3. Psicografia
       I. Divaldo Franco II. Título

CDD: 133.93

Bibliotecária responsável: Maria Suely de Castro Martins – CRB-5/509

DIREITOS RESERVADOS: todos os direitos de reprodução, cópia, comunicação ao público e exploração econômica desta obra estão reservados, única e exclusivamente, para o Centro Espírita Caminho da Redenção. Proibida a sua reprodução parcial ou total, por qualquer meio, sem expressa autorização, nos termos da Lei 9.610/98.
Impresso no Brasil | Presita en Brazilo

SUMÁRIO

Momentos enriquecedores   7
1. A loucura da violência   13
2. Lamentações   21
3. Testemunhos   29
4. Necessário despertar   35
5. Mais paciência   43
6. O caminho   51
7. Autoencontro   57
8. Realização interior   63
9. Compromisso com a fé   69
10. O bem é meta   77

11.	Libertação de consciência	83
12.	Terapia da oração	89
13.	O poder do amor	95
14.	Correta visão da vida	101
15.	Saúde integral	109
16.	Felicidade possível	119
17.	Sobreviverás	125
18.	Mediunidade e vida	131
19.	Ressonâncias do Natal	137
20.	Anjos guardiães	145

Há, na maioria das pessoas, uma resistência natural contra as ideias novas, os pensamentos libertadores, embora, às vezes, inconscientemente.

O habitual, aquilo a que se está acostumado, constitui um recurso de acomodação, que não necessita de esforço, trabalhando em favor da rotina, do já realizado e aceito.

Em todas as épocas, as propostas audaciosas objetivando o bem geral foram rejeitadas a priori, *mesmo antes de serem examinadas, em mecanismos de autodefesa, de preservação do estado de inércia em que se permanece com indiferença.*

O progresso, no entanto, é imbatível e impõe-se de forma inevitável, estabelecendo diretrizes seguras e contribuindo para o desenvolvimento do ser humano, que mais cresce quanto mais se permite a renovação moral, cultural e espiritual.

Apegos injustificáveis falam de segurança ante as incertezas da vida, e a necessidade de bengalas psicológicas para o apoio da negligência constitui motivos para reações contra o enriquecimento pelo exame e vivência dos novos contributos existenciais.

Em razão disso, há os indivíduos que se opõem ao novo, por hábito, por presunção; aqueles que tentam obstaculizá-lo, por anseio de projeção do ego; outros tantos que se reservam o direito de estarem contra, simplesmente por não se disporem à própria transformação.

A vida renova-se a cada instante, ininterruptamente.

O estacionamento – a falta de movimento – responde pelo caos.

Assim pensando, elaboramos o presente livro, inspirado em momentos enriquecedores que nem sempre são percebidos, tornando-se, dessa forma, sem proveito.

Quando o indivíduo dispõe-se a progredir, transforma cada circunstância e acontecimento em fonte geradora de bênçãos, de alegrias, em que retira valores para o seu desenvolvimento, ampliando o seu raio de ação.

O tempo urge, e a multiplicidade de acontecimentos, às vezes, dificulta a percepção do momento enriquecedor.

Gotículas que formam o mar, bátegas que se reúnem em chuva, átomos que se apresentam em massa, momentos que somam largos períodos existenciais, imprescindíveis na contabilidade do tempo, são fragmentos que formam o todo.

A presença da enfermidade é também momento para meditação sobre a fragilidade orgânica.

A manifestação da saúde – momento de ação no bem, valorizando-a.

O ensejo da prece – momento de iluminação, de transcendência do ser.

A hora da provação – momento de resgate libertador.

A oportunidade do exercício mediúnico – momento de renovação pessoal e fraternal com os desencarnados.

O instante do silêncio – momento de sabedoria, de reflexão, de amadurecimento.

A ocasião do estudo – momento de cultura e discernimento.

Os momentos enriquecedores são dádivas de Deus para todos aqueles que se encontrem dispostos e receptivos aos desafios, aos novos acontecimentos, às ideias libertadoras, às conquistas da Ciência e da razão, promovendo-os e alçando-os aos patamares da Grande Luz.

Convidando o amigo leitor a viver conosco esses momentos de reflexão e de paz, enriquecedores de alegria e de esperança, rogamos ao Senhor que nos inspire e ampare sempre na tarefa da iluminação interior.

Joanna de Ângelis
Salvador, 4 de abril de 1994.

1
A loucura da violência

Entre as expressões do primarismo, no mercado das paixões *humanas*, destaca-se com realce a violência, espalhando angústia e dor.

Remanescente dos *instintos agressivos*, ela estiola as mais formosas florações da vida, estabelecendo o caos.

Em onda volumosa arrasa, deixando destroços por onde passa, alucinada.

❖

Na raiz da violência encontra-se a falta de *desenvolvimento do senso moral*, que o Espírito aprimora através da educação, do exercício dos valores éticos, da amplitude de consciência.

Atavismo cruel, demora de ser transformada em ação edificante, em face das suas vinculações com os reflexos instintivos do período animal, que se prolongam, perturbadores.

Não apenas gera aflição, quando desencadeada, como também provoca reações equivalentes em sucessão quase incontrolável, arrebentando tudo quanto se lhe opõe no percurso destrutivo.

Todo o empenho em favor da preservação dos valores morais deve ser colocado a serviço da paz, como antídoto à força devastadora da violência.

◆

Pequenos exercícios de autocontrole terminam por criar hábitos de não violência.

Disciplinas mentais e silêncios fortalecidos pela confiança em Deus geram a harmonia que impede a instalação desse desequilíbrio.

Atividades de amor, visando ao bem e ao progresso da criatura humana e da sociedade, constituem patamar de resistência às investidas dessa agressividade.

Reflexões em torno dos deveres morais produzem a conscientização do bem, gerando o clima que preserva os sentimentos da fraternidade.

A violência é adversária do processo de evolução, fomentadora da loucura. Quem lhe tomba nas garras exaure-se e, sem forças, termina no abismo do autoaniquilamento ou do assassínio...

✦

A violência disfarça-se no lar, quando os cônjuges não respeitam os espaços, os direitos que lhes cabem reciprocamente.

Quando os filhos se sentem preteridos por falsos valores do trabalho, do dinheiro, do poder...

Na sociedade, quando os preços escorcham os necessitados.

Quando os interesses pessoais extrapolam os seus limites e perturbam os outros.

Quando a comodidade e os prazeres de alguns agridem os compromissos e os comportamentos alheios.

Quando as injustiças sociais estiolam os fracos a benefício dos fortes aparentes.

Quando os sentimentos inferiores da maledicência, da calúnia, da inveja, da traição, do suborno de qualquer tipo, da hipocrisia disseminam suas infelizes sementes.

Quando os pendores asselvajados não encontram orientação.

Quando as ilusões e fugas, os vícios e aliciamentos levam às drogas, ao sexo desvairado, às ambições absurdas, explodindo nas ruas do mundo e invadindo os lares.

Quando os governantes perdem a dignidade e estimulam a prevalência da ignorância, provocando guerras nacionais e internacionais...

A violência, de qualquer natureza, é atraso moral, síndrome do primitivismo humano remanescente.

✦

O homem e a mulher estão fadados à paz, à glória estelar.

Assim, liberta-te daqueles remanescentes agressivos que terminam insuflando-te reações infelizes.

Se te compraz ainda mantê-los, tem a coragem de te violentares, superando-os ou domando-os, e contribuirás para o apressar do progresso humano.

Como não te é lícito convir com o erro, ensina pela retidão os mecanismos da felicidade, evitando a ira, a cólera, o ódio.

A ira é fagulha que ateia o fogo da violência. A cólera é combustível que a mantém, e o ódio é labareda que a amplia.

Pensa em Jesus e, em qualquer circunstância, interroga-te como Ele agiria se estivesse no teu lugar. Tentando-o, lograrás imitá-lO, fazendo como Ele, sem nenhuma violência.

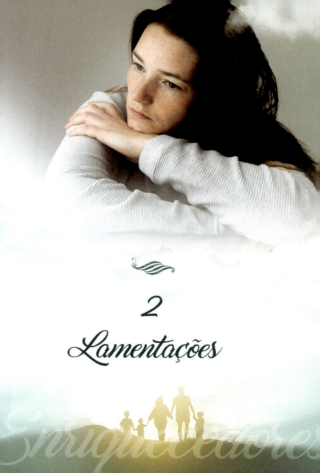

2
Lamentações

Aglutinam-se na massa humana as pessoas desesperadas.

Uma vaga de aflição paira ameaçadora no mundo, carregando os inquietos que perderam a direção de si mesmos, vitimados pelas circunstâncias dolorosas do momento.

A insânia conduz expressivo número de criaturas que estertoram ao sabor do sofrimento, buscando fugir da realidade dos problemas, com a aparência voluptuosa de triunfadores nos patamares dos prazeres alucinantes.

A desordem campeia, e ameaças desumanas transformam-se em torpe conduta nos países do mundo destroçados por guerras impiedosas em nome de religiões fanatizadoras, de raças asselvajadas, de interesses mesquinhos...

Os governantes da Terra perdem as rédeas da administração e negociam com organizações criminosas, estabelecendo colegiados políticos abomináveis.

A corrupção adquire cidadania, e a imoralidade desfruta de *status*, perturbando os valores éticos e morais.

Nuvens borrascosas avolumam-se nos céus já escurecidos da Humanidade.

Tudo anuncia a chegada dos dias apocalípticos, convocando à razão, à renovação dos códigos, à interiorização espiritual.

✦

Como consequência do período grave de transição, surgem o pessimismo, a desconfiança, as lamentações. De tal forma se vão arraigando no organismo individual e social, que os temas de conversação perdem os conteúdos ou se apresentam desconcertantes, caracterizados pelas sombras do desconforto, da mágoa, dos irrefreáveis desejos de vingança.

A lamentação grassa e perturba as mentes, impedindo a ação correta do bem, como se não adiantasse produzir com elevação, laborar com honradez.

Lamentar não é atitude saudável. Pelo contrário, produz deterioração dos conteúdos bons que ainda remanescem em muitas vidas e movimentam-nas, sustentando os ideais de engrandecimento humano.

A lamentação, qual ocorre com a queixa sistemática, é morbo portador de destruição, de desalento e morte.

Antídoto aos males que infestam os dias atuais, é ainda o amor a força única portadora de recursos salvadores.

Este é um ciclo que se encerra, dando início a outro, que se irradiará plenificador.

Os períodos de renovação fazem-se preceder por inumeráveis acontecimentos devastadores, nos mais diversos aspectos da Natureza. O mesmo ocorre na área moral da Humanidade.

Assim, não te desalentes, nem duvides do triunfo do bem. Não fiques, porém, inativo, aguardando que forças externas operem miraculosamente sem a tua contribuição.

És importante no contexto atual, em face do que penses e como ajas.

Produze, portanto, com esforço bem direcionado, oferecendo o teu contributo valioso, por menos expressivo te pareça.

Não cedas o passo aos aventureiros da desordem.

Permanece no teu lugar, realizando o que podes, deves e te cabe fazer.

✦

Muita falta fazem Jesus e Sua doutrina no mundo.

Fala-se sobre Ele, discute-se-Lhe a mensagem, mas não se vive o ensinamento que dela deflui.

Sê tu quem confia e faz o melhor.

Se cada cristão decidido resolvesse por viver Jesus, a paisagem atual se modificaria, e refloresceria a primavera no planeta em convulsão.

Assim sendo, ama e contribui em favor do progresso, sem lamentação de qualquer natureza, em paz e confiança.

3

Testemunhos

Aspiras pela ascensão espiritual, que te parece difícil.

Contemplas as alturas libertadoras e sentes vertigens.

Anelas pelos acumes e lutas, repassando pela tela mental as dificuldades que tens enfrentado e os problemas que te afligem.

Sentes que o vale te asfixia, e a multidão que ali se movimenta te atormenta.

À medida, porém, que galgas as ásperas encostas, percebes que esse é um cometimento isolado, imolador.

Vês, a distância, os amigos que se candidataram a subir contigo e ficaram na retaguarda da comodidade.

Constatas que as energias se te exaurem e vês as feridas nas mãos, nos pés, e as dilacerações nos sentimentos.

É natural que assim te aconteça.

A vida, para expressar-se, arrebenta os invólucros onde jaz adormecida.

Todo parto, que enseja a vida, proporciona a dor.

A semente sofre, esmagada no solo, a fim de libertar a espécie que nela dorme.

Da mesma forma acontece com as tuas ânsias de evolução.

Atingirás o cume, não o duvides, porém, assinalado pelos testemunhos que a subida te exige.

✦

Mede-se a grandeza de um ideal pela capacidade de sofrimento e de paz que demonstra aquele que o apresenta.

Os homens grandes são volumosos e de alta estatura, enquanto os grandes homens são identificados pelos seus referenciais de amor, de abnegação, de sacrifício, de idealismo nobre.

É impossível abraçar um ideal, no mundo, passando incólume à agressão, à sevícia, à calúnia, à urdidura da infâmia.

Por enquanto, e ainda por muito tempo, os grandes homens ver-se-ão a sós, incompreendidos, fora do círculo dourado da ilusão.

Não estranhes, pois, o que te acontece nas paisagens íntimas: tristeza, insatisfação, soledade.

Fosse diferente a ocorrência e estarias a soldo da mentira, da corrupção, jamais dos ideais libertadores.

✦

Quando te resolveste por crescer e alcançar as elevadas planuras, ansiavas pela felicidade.

Anotas que estás em solidão, porém essa é com Deus.

Testemunha a fertilidade do teu ideal cristão aos tíbios, a fim de que eles se estimulem e se resolvam por ascender também.

Quando lograres a vitória, atraí-los-ás. Por enquanto, testemunha e insiste.

Jesus asseverou:

"...E quando eu for erguido (na cruz), atrairei todos a mim" (João, 12:32).

Não reclames, nem receies.

Segue em paz!

4
Necessário despertar

Inúmeros candidatos ao conhecimento das informações espíritas – portadoras dos relevantes mecanismos para a reforma íntima – detêm-se, inconsequentes, na expectativa de milagres, que os não há, para a solução de problemas que eles próprios criaram e continuam gerando, ou esperam que a simples adesão formal a uma sociedade, em que se divulga o Espiritismo, é suficiente para plenificá-los.

Fixados ao atavismo do maravilhoso e do sobrenatural, perseveram na crença leviana de que os Espíritos desencarnados *tudo sabem, tudo podem*, com a missão expressa de resolver as dificuldades humanas, desse modo, candidatando as criaturas à ignorância e ao atraso.

Acostumados às notícias extravagantes do misticismo que envolve a mediunidade e dos tabus em torno das comunicações espirituais, negam-se ao estudo sério, ou intentam-no, logo o abandonando, apoiados às *bengalas psicológicas* do comodismo de que lhes parece difícil a absorção do conhecimento espiritual, seja pela impossibilidade de manter a atenção, seja por deficiência de memória, ou ainda por perturbações de vária ordem, que os afligem, adormecem, incomodam.

A argumentação simplista não procede, porquanto, em outras áreas do comportamento, seja no trabalho, no relacionamento interpessoal, seja nas pesquisas e cursos, se não houver um sincero interesse e legítima dedicação, ocorrem os mesmos fenômenos perturbadores, desestimulantes.

Toda experiência nova é desafio caracterizado por dificuldades superáveis, que mais desperta os valores morais de quem o deseja vivenciar. No que diz respeito àquelas experiências de complexidade profunda, quais as de transformação do *homem velho* em um novo ser, os patamares a conquistar são múltiplos, revestidos de compreensíveis impedimentos.

Não se alteram hábitos doentios, perniciosos, de um momento para outro, com apenas a disposição, sem o correspondente esforço para consegui-lo.

A transformação interior para melhor, que o conhecimento espírita propicia, é precedida de um necessário despertar para a aceitação de novos e preciosos valores morais, que satisfazem e harmonizam a criatura.

Desse modo, ao desejo de crescimento, devem aliar-se o esforço contínuo e o devotamento às ideias renovadoras, trabalhando-se por entender as diretrizes que se lhe apresentam, experimentando e insistindo na sua implantação no mundo íntimo.

A vitória de qualquer tentame chega após a permanência na sua execução.

◆

Substitui, mediante as informações libertadoras do Espiritismo, os velhos hábitos, um a um, adotando novo comportamento mental, e, depois, vivencial, a fim de que a renovação se te faça contínua, incessante.

Fixa-te no propósito de vencer os velhos condicionamentos e adota as propostas de ação positiva, que te auxiliarão no crescimento íntimo.

Liberta-te dos instrumentos frágeis de justificação, evitando as fugas psicológicas à realidade, à responsabilidade.

Insiste na lapidação das arestas grosseiras da personalidade e adapta-te ao novo modo de entender e ser, incorporando à conduta as diretrizes espirituais.

Dar-te-ás conta dos benefícios imediatos que advirão, das soluções aos problemas que surgirão, enfim, de que o empenho se coroa de êxito na razão direta do esforço encetado.

✦

Não foi fácil a Simão Pedro transferir-se do Mar da Galileia, onde pescava com simplicidade, para a experiência difícil no oceano tumultuado da Humanidade...

Foi grandemente dolorosa a transferência psíquica, emocional e humana de Saulo de Tarso, da exaltação judaica e da opulência do Sinédrio, bem como de uma família abastada, para a atividade áspera de artesão e apóstolo de Jesus...

Macerada foi a conduta da equivocada de Magdala, ao adotar as lições do Mestre como regra de iluminação íntima, que conseguiu a duras penas...

A História está repleta de heróis da transformação para melhor, que todos respeitam, porém são incontáveis os conquistadores anônimos do *continente da alma*, que estavam perdidos e se encontraram.

O Espiritismo, hoje, revivendo Jesus ontem, oferece os valiosos esclarecimentos para a felicidade, a autodescoberta, a iluminação íntima libertadora.

Para consegui-lo é, primeiro, necessário despertar.

5
Mais paciência

O exercício da paciência se afigura como de vital importância para o sucesso nas experiências da evolução humana.

O cansaço, a desmotivação, a rotina e outros fatores estressantes, na área do comportamento, geram a irritação, a má vontade, o ressentimento, que respondem por estados emocionais perturbadores, exteriorizando-se como agressividade, violência e pessimismo.

Os dias atuais se caracterizam por essas condições desgastantes, que levam a desequilíbrios lamentáveis.

Grassam o desamor (fruto espúrio do egoísmo), a ganância (espectro sórdido da insegurança emocional), a insatisfação (efeito mórbido das frustrações nos relacionamentos e nas aspirações desvairadas).

As pessoas atropelam-se umas às outras, na busca de ilusões que esperam materializar, e que se transformam em pesadelos tormentosos.

O sentido ético da existência faz-se substituído pela sensação do prazer incessante e na sua busca todos os expedientes são considerados valiosos, sem qualquer respeito ou consideração pelos anelos e ideais alheios.

Diante da grave conjuntura, não há alternativa para a conduta digna, senão através da paciência.

◆

A paciência é *virtude* que rareia entre as criaturas. A pressa, a ansiedade, a compressão psicossocial estão provocando distúrbios expressivos na forma de vida, conspirando contra a paciência.

Cultivada com serenidade sobre as bases da confiança irrestrita no Amor de Deus, ela se instala e irradia-se poderosa.

A paciência logra vencer o tempo, as circunstâncias, as ocorrências ameaçadoras ou nefastas.

Sabe aguardar, porque compreende que existe um processo responsável por todos os acontecimentos. Qualquer precipitação, mesmo quando coroada de êxito, redunda em qualidade inferior de resultados.

As ações morais decorrem dos recursos amealhados no sentimento e na razão, a se manifestarem através das oportunidades próprias.

A paciência, para fixar-se, toma como paradigma o esforço pela modificação pessoal, alteração da óptica mediante a qual considera a vida e o interesse em plenificar-se.

◆

Este companheiro, em quem confias, é desleal para contigo. Age com paciência em relação a ele.

Esse afeto não corresponde lealmente aos teus sentimentos. Não te perturbes, mantendo-te paciente.

O filho é rebelde e ingrato. Ama-o com paciência, porquanto na sua imaturidade não tem parâmetros para medir os teus valores e grandeza.

O patrão, o auxiliar, o colega, a esposa, o marido, o irmão, seja quem for no teu caminho não corresponde ao que esperavas, à tua dedicação, aos teus esforços. Não te desalentes, resguarda-te na paciência e segue adiante.

A vida é mestra para todos. Eles aprenderão mais tarde, sob as circunstâncias que gerarem para si.

Jesus sabia que Pedro iria negá-lO. Advertiu-o, porém não o impediu, deixando que o amigo, então invigilante, aprendesse por experiência pessoal.

O Mestre conhecia a debilidade moral de Judas e admoestou-o. Poderia tê-lo expulsado do Colégio Apostólico, mas não o fez. Facultou que o discípulo enganado amadurecesse, mediante a vivência própria.

São os débeis morais – os ingratos, frágeis, ignorantes, rebeldes, presunçosos – que precisam de ajuda. Abandoná-los à própria sorte é decretar-lhes a falência, a desdita.

Tem, pois, paciência com eles, com todos aqueles que se tornam problema para ti, que criam dificuldades e te perturbam.

Vale a pena investir nesses corações necessitados, que ignoram a carência e a infelicidade pessoal.

Reveste-te de paciência e segue em confiança no rumo da tua perfeição.

6
O caminho

Diante do turbilhão de problemas e conflitos, aturdido e receoso, a um passo do desequilíbrio, indagas, sem diretriz: – *Onde a estrada para seguir? Qual a conduta a adotar?*

Certamente, todo empreendimento deve ser precedido de planificação, de roteiro, de programa. Sem esses fatores, o comportamento faz-se anárquico, e o trabalho se dirige à desordem.

A experiência carnal é uma viagem que o Espírito empreende com objetivos definidos pela Divindade, que a todos reserva a perfeição.

Como alcançá-la, e em quanto tempo, depende de cada viajor.

✦

Multiplicam-se os caminhos que terminarão por levar à meta.

Alguns conduzem a despenhadeiros, a desertos, a pantanais, a regiões perigosas.

Outros se desdobram convidativos e repletos de distrações, prazeres, comodidades, engodos, passadismos.

Poucos se caracterizam pelo esforço que deve ser envidado para conquistá-los, vencendo, etapa a etapa, as dificuldades e impedimentos.

Uns levam à ruína demorada, que envilece e infelicita.

Vários dão acesso à glória transitória, ao poder arbitrário, às regalias que o túmulo interrompe.

Jesus, porém, foi peremptório ao asseverar:

"Eu sou o caminho", informando ser a única opção para chegar-se a Deus.

◆

Se te encontras a ponto de desistir na luta, intenta-o outra vez e busca Jesus.

Se te abateste e não tens ninguém ao lado para oferecer a mão, recorre a Jesus.

Se te sentes abandonado e vencido, após mil tentames malsucedidos no mundo, apela a Jesus.

Se te deparas perdido e sem *rumo*, apega-te a Jesus.

Se te defrontas com impedimentos que te parecem intransponíveis, procura Jesus.

Se nada mais esperas na jornada, recomeça com Jesus.

◆

Se avanças com êxito, não te esqueças de Jesus.

Se estás cercado de carinho e amor, impregna-te de Jesus.

Se a jornada se te faz amena, agradece a Jesus.

Se encontras conforto e alegria no crescimento íntimo, não te separes de Jesus.

Se acreditas na vitória, que antevês, apoia-te em Jesus.

Se te sentes inundado de paz e fé, Jesus está contigo.

◆

Em qualquer trecho do caminho da tua evolução, Jesus deve ser o teu apoio, a tua direção, a tua meta, tendo em mente que através d'Ele e com Ele te plenificarás, alcançando Deus.

O mais são ilusões e engodos. Não te equivoques, nem enganes a ninguém.

7

Autoencontro

A ansiosa busca de afirmação da personalidade leva o indivíduo, não raro, a encetar esforços em favor das conquistas externas, que o deixam frustrado, normalmente insatisfeito.

Transfere-se, então, de uma para outra *necessidade* que se lhe torna meta prioritária e, ao ser conseguida, novo desinteresse o domina, deixando-o aturdido.

A sucessão de transferências termina por exauri-lo, ferindo-lhe os interesses reais que ficam à margem.

Realmente, a existência física é uma proposta oportuna para a aquisição de valores que contribuem para a paz e a realização do ser inteligente. Isso, porém, somente será possível quando o centro de interesse não se desviar do tema central, que é a evolução.

Para ser conseguida, faz-se imprescindível uma avaliação de conteúdos, a fim de saber-se o que realmente é transitório e o que é de largo curso e duração.

Essa demorada reflexão selecionará os objetivos reais dos aparentes, ensejando a escolha daqueles que possuem as respostas e os recursos plenificadores.

Hoje, mais do que antes, essa decisão se faz urgente, por motivos óbvios, pois que, enquanto escasseiam o equilíbrio individual e o coletivo, a saúde e a felicidade, multiplicam-se os desaires e as angústias, ceifando os ideais de enobrecimento humano.

✦

Se de fato anelas pela conquista da felicidade, tenta o autoencontro.

Utilizando-te da meditação prolongada, penetrar-te-ás, descobrindo o ser real, imortal, que aguarda ensejo de desdobramento e realização.

Certamente, os primeiros tentames não te concederão resultados apreciáveis.

Perceberás que a fixação da mente na interiorização será interrompida, inúmeras vezes, pelas *distrações* habituais do intelecto e da falta de harmonia.

Desacostumado a uma imersão, a tua tentativa far-se-á prejudicada pela irrupção das ideias arquivadas no *inconsciente*, determinantes de tua conduta inquieta, irregular, conflitiva.

◆

Concordamos que a criatura é conduzida, na maior parte das vezes, pelo *inconsciente*, que lhe dita o pensamento e as ações, como resultado normal das próprias construções mentais anteriores.

A mudança de hábito necessita de novo condicionamento, a fim de mergulhares nesse oceano tumultuado, atingindo-lhe o limite, que concede acesso às praias da harmonia, do autodescobrimento, da realização interior.

Nessa façanha, verás o desmoronar de muitas e vazias ambições, que cultivas por ignorância ou má-educação; o soçobrar de inúmeros engodos; o desaparecer de incontáveis conflitos que te aturdem e devastam.

Amadurecerás lentamente e te acalmarás, não te deixando mais abater pelo desânimo, nem exaltar pelo entusiasmo dos outros.

Ficarás imune à tentação do orgulho e à pedrada da inveja, à incompreensão gratuita e à inimizade perseguidora, porque somente darás atenção à necessidade de valorização do ser profundo e indestrutível que és.

Terminarás por te venceres, e essa será a tua mais admirável vitória.

Não cesses, portanto, logo comeces a busca interior, de dar-lhe prosseguimento se as dificuldades e *distrações* do *ego* se te apresentarem perturbadoras.

Medita, pois, orando, quanto te seja possível, e conseguirás a meta maior – o autoencontro.

8
Realização interior

Enquanto o homem não se convencer de que lhe é necessário conquistar as paisagens íntimas, suas realizações externas deixá-lo-ão em desencanto, sob frustrações que se sucederão, tantas vezes quantas sejam as glórias alcançadas no mundo de fora.

À semelhança de uma semente, na qual dormem incontáveis recursos, que surgem a partir da germinação, cabe ao ser humano desatar os valores que lhe dormem inatos, facultando-se as condições de desenvolvimento, graças às quais logrará sua plenitude.

Muitas vezes, as dificuldades que o desafiam são fatores propiciatórios para o desabrochar dos elementos adormecidos e para que sua destinação gloriosa seja alcançada.

O homem de bem, que reúne os valores expressivos da honra e da ação edificante, faz-se caracterizar pelo esforço, pelo empenho que desenvolve, realizando o programa essencial da vida, que é sua iluminação íntima.

Somente essa identificação com o *si profundo* facultar-lhe-á a tranquilidade, meta próxima a ser conseguida. Partindo dela, novas etapas surgirão, convidativas, ensejando o crescimento moral e intelectual proporcionador da felicidade real.

Todas as conquistas externas – moedas, projeção social, objetos raros, moradia, eletrodomésticos, aparelhos eletrônicos –, não obstante úteis para a comodidade, a automação e sintonia com o mundo, bem como com a sociedade, não podem acompanhar o ser quando lhe ocorre a fatalidade biológica da morte.

Cada qual desencarna com os recursos morais e intelectivos que amealhou, liberando-se ou não dos grilhões emocionais que o prendem às quinquilharias a que atribui valor.

Na luta pela aquisição das coisas, as batalhas se tornam renhidas, graças à competição, às angustiantes expectativas das disputas, nas quais o crime assume papel preponderante, com resultados quase sempre funestos.

Na grande transição, tudo aquilo que constituiu motivo de luta insana perde o significado, passando a afligir mais do que antes...

✦

Não te descures da autoiluminação.

Se buscas a consolidação da estrutura socioeconômica pessoal e familiar, vai mais longe e intenta a conquista dos tesouros íntimos.

Exercita as virtudes que possuis em germe, dando-lhes oportunidade de se agigantarem, arrastando outros corações.

Recorda-te, a cada instante, da brevidade do corpo físico e reivindica o treino para a morte, mantendo-te em serenidade, reflexão e ação iluminativa.

Vida interior é conquista possível e está ao teu alcance. Logra-a, quanto antes, e sentirás a imensa alegria da plenificação.

9
Compromisso com a fé

Qualquer compromisso que se assume impõe deveres que devem ser atendidos, a fim de conseguir-se a desincumbência feliz.

Se te comprometes com a área da cultura sob qualquer aspecto, enfrentas programas e horários, disciplina e atenção, para alcançares a meta pretendida.

Se buscas trabalho e desenvolvimento econômico, arrostas obrigações sucessivas, obediência, ação constante e através dessa conduta chegarás aos objetivos que anelas.

Se te comprometes com a edificação da família, muitos imperativos se te fazem indispensáveis atender, de forma que o lar se transforme em realidade feliz.

Se aceitas o compromisso social, tens que te submeter a inúmeras condições inadiáveis, para atingires os efeitos ditosos.

Compromisso é vínculo de responsabilidade entre o indivíduo e o objetivo buscado.

Ninguém se pode evadir sem tombar na irresponsabilidade.

Medem-se a maturidade e a responsabilidade moral do ser através da maneira como ele se desincumbe dos compromissos que assume.

O profissional liberal que enfrenta dificuldades para o desempenho dos compromissos luta e afadiga-se para bem os atender, mantendo-se consciente e tranquilo.

O operário que aceita o compromisso do trabalho, sejam quais forem as circunstâncias e os desafios, permanece na atividade abraçada até sua conclusão.

Compromisso é luta; é desempenho de dever.

O prazer sempre decorre da honorabilidade com que cada qual se desincumbe da ação.

◆

Em relação à fé religiosa, a questão é semelhante.

Quem se apresenta no campo espiritual buscando a iluminação não tem condição de impor requisitos, mas aceitá-los conforme são e devem ser seguidos.

Não se trata de um mercado de valores comezinhos, que devem ser leiloados e postos para a disputa dos interesses subalternos.

O compromisso com a fé religiosa é de alta relevância, pois se trata de ensejar a libertação do indivíduo dos vícios e delitos a que se condicionou e que o atormentam.

São graves os quesitos da fé religiosa.

Mesmo em se tratando de preservar a liberdade do candidato à fé, ela não modifica os programas que devem ser considerados e aplicados na transformação moral íntima.

Estabelecida a dieta moral, o necessitado de diretriz esforça-se para aplicar, incorporar as lições hauridas no seu cotidiano. Nenhuma modernidade altera as Leis da Vida, que são imutáveis.

Desse modo, o compromisso com a fé não permite ao indivíduo adaptar a linha direcional da doutrina que busca aos seus hábitos perniciosos e às suas debilidades morais.

◆

O Espiritismo apoia-se moralmente nas lições de Jesus, sendo a sua a mesma moral vivida e ensinada pelo Mestre.

Adaptar essa moral às licenças atuais, aos escapismos éticos em moda, às concessões sentimentais de cada um constitui grave desconsideração ao excelente conteúdo que viceja no pensamento espírita.

Indispensável que o compromisso com a fé espírita mantenha-se inalterado, sem a incorporação dos modismos perniciosos e perturbadores do momento, assim ensejando a transformação moral para melhor de todos quantos o aceitem em caráter de elevação.

    Somente assim todo aquele que abraça a fé, que luz na Doutrina Espírita, terá condições para vencer estes difíceis dias em paz de consciência, mesmo que sob chuvas de incompreensões e desafios constantes do mal, dos vícios e dos perturbadores.

10
O bem é meta

Surge a Era Nova.
O sol da esperança desbasta as trevas da ignorância.

Pequenos grupos de servidores verdadeiros do Evangelho, no silêncio da renúncia, estão levantando os *pilotis* sobre os quais será erguida a Era Nova.

Sem alarde, em luta ingente, esses corações convidados constituem segurança para o mundo melhor de amanhã.

Não obstante o vendaval, as ameaças do desequilíbrio e o predomínio aparente das forças da violência, o bem, como fluido de libertação, penetra todo o organismo terrestre preparando o mundo novo.

Não engrossam as fileiras dos desanimados, nem aplaudem a insensatez dos perversos ou apoiam a estultícia dos vitoriosos da ilusão.

Quem aprendeu a confiar em Jesus põe as suas raízes na verdade. São minoria, não, porém, grupo ao abandono.

Todos os grandes ideais da Humanidade surgem em pequeninos núcleos, que se alargam em gerações após gerações.

O Cristianismo restaurado, por sua vez, é a doutrina do amanhã, no enfoque espírita, porque, enquanto a Mensagem de Jesus teve de destruir as bases do paganismo para erguer o santuário do amor, o Espiritismo deve apenas erigir, sobre o Cristianismo, o templo luminoso da caridade.

Chamados para este ministério, não duvidam, alegrando-se por terem seus nomes inscritos, como diz o Evangelho, "no livro do Reino dos Céus e serem conhecidos do Senhor".

◆

Nossa casa tem ação. É hoje reduto festivo, santuário que alberga Espíritos mensageiros da luz, oficina onde se trabalha, escola de educação e hospital de recuperação de vidas.

Com outros obreiros aqui temos estado, mantendo a chama da verdade acesa – como ocorria com os antigos faróis com a flama ardente, apontando a entrada dos portos e mais tarde dando notícias dos recifes e perigos do mar.

♦

Filhos da alma, nunca desistam de fazer o bem, em face do aparente triunfo do mal em desgoverno, em torno de suas vidas.

Passada a tempestade, a luz volta a fulgir.

A sombra é somente ausência da claridade. Não é real.

Só Deus é Vida; somente o bem é meta.

11
Libertação de consciência

Não aguardemos que o aplauso do mundo coroe as nossas expectativas.

Não esperemos que as alegrias nos adornem de louros ou que uma coroa de luz desça sobre a nossa cabeça, vestindo-nos de festa.

Quem elegeu Jesus não pode ignorar a cruz da renúncia.

Quem O busca não pode desdenhar a estrada áspera do Gólgota.

Quem com Ele se afina não pode esquecer que, Sol de Primeira Grandeza como é, desceu à sombra da noite, para ser o porto de segurança luminosa, no qual atracaremos a barca de nosso destino.

Jesus é o nosso máximo ideal humano, Modelo e Guia seguro.

Aquele que travou contato com a Sua palavra nunca mais O esquece.

Quem com Ele se identifica perdeu o direito à opção, porque a sua passa a tornar-se a opção d'Ele, sem o que a vida não tem sentido.

✦

Não é esta a primeira vez que nos identificamos com o Seu verbo libertador. Abandoná-lo é infidelidade, que O troca pelos ouropéis e utopias do mundo, de breve duração.

Não é esta a nossa experiência única no santuário da fé, que abraçamos desde a treva medieval, erguendo monumentos ao prazer, distantes da convivência com a dor.

Voltamos à mesma grei para podermos, com o Pensamento Divino vibrando em nós, lograr uma perfeita identificação.

Lucigênitos, procedemos do Divino Foco, para o qual marchamos.

Seja, pois, a nossa caminhada assinalada pelas pegadas de claridade na Terra, a fim de que aquele que venha após os nossos passos encontre as setas apontando o caminho.

Jesus não nos prometeu os júbilos vazios dos tóxicos da ilusão. Não nos brindou com promessas vãs, que nos destacassem no cenário transitório da Terra. Antes, asseverou que verteríamos o pranto que precede à plenitude, e teríamos a tristeza e a solidão que antecedem à glória solar.

Não seja, pois, de surpreender que, muitas vezes, a dificuldade e o opróbrio, o problema e a solidão caracterizem a nossa marcha. Não seja de surpreender, portanto, que nos vejamos em solidão com Ele, já que as Suas serão as mãos que nos enxugarão o pranto, enquanto nos dirá, suavemente: – *Aqui estou!*

Perseveremos juntos, cantando o hino da alegria plena na ação que liberta consciências, na atividade que nos irmana e no amor que nos felicita.

12
Terapia da oração

Recurso valioso para todo momento ou necessidade, a oração encontra-se ao alcance de quem deseja paz e realização, alterando para melhor os fatores que fomentam a vida e facultam o seu desenvolvimento.

A oração é o *instrumento* pelo qual a criatura fala a Deus, e a inspiração lhe chega na condição de divina resposta.

Quando alguém ora, luariza a paisagem mental e inunda-se de paz, revitalizando os fulcros da energia mantenedora da vida.

A oração sincera, feita de entrega íntima a Deus, desenvolve a percepção de realidades normalmente não detectadas, que fazem parte do Mundo extrafísico.

O ser material é condensação do energético, real, transitoriamente organizado em complexos celulares para o objetivo essencial da evolução. Desarticulando-se, ou sofrendo influências degenerativas, necessita de reparos nos intricados mecanismos vibratórios, de modo a recompor-se, reequilibrar-se e manter a harmonia indispensável para alcançar a finalidade a que se destina.

♦

O psiquismo que ora consegue resistências no campo de energia, que converte em forças de manutenção dos equipamentos nervosos e funcionais da mente e do corpo.

A oração induz à paz e produz estabilidade emocional, geradora de saúde integral.

A mente que ora sintoniza com as Fontes da Vida, enriquecendo-se de forças espirituais e lucidez.

Terapia valiosa, a oração atrai as energias refazentes que reajustam moléculas orgânicas no mapa do equilíbrio físico, ao mesmo tempo que dinamiza as potencialidades psíquicas e emocionais, revigorando o indivíduo.

Quando um enfermo ora, recebe valiosa transfusão de forças, que vitalizam os leucócitos para a batalha da saúde e sustentação dos campos imunológicos, restaurando-lhes as defesas.

◆

O indivíduo é sempre o resultado dos pensamentos que elabora, que acolhe e que emite.

O pessimista autodestrói-se, enquanto o otimista autossustenta-se.

Aquele que crê nas próprias possibilidades desenvolve-as, aprimora-as e maneja-as com segurança.

Aqueloutro que duvida de si mesmo e dos próprios recursos, envolvendo-se em psicosfera perturbadora, desarranja os centros de força e exaure-se, especialmente quando enfermo. Assemelha-se a uma vela acesa nas duas extremidades, que consome duplamente o combustível que sustenta a luz até sua extinção.

A mente que se vincula à oração ilumina-se sem desprender vitalidade, antes a haurindo e mais expandindo a claridade que possui.

Envolvendo-se nas irradiações da oração a que se entregue, logrará o ser enriquecer-se de saúde, de alegria e paz, porquanto a oração é o interfone poderoso pelo qual ele fala a Deus, e por cujo meio, inspirado e pacificado, recebe a resposta do Pai.

Ao lado, portanto, de qualquer terapia prescrita, seja a oração a de maior significado e a mais simples a ser utilizada.

13
O poder do amor

Acredita no amor e vive-o plenamente.

Qualquer expressão de afetividade propicia renovação de entusiasmo, de qualidade de vida, de metas felizes em relação ao futuro.

O amor não é somente um meio, porém o fim essencial da vida.

Emanado pelo sentimento que se aprimora, o amor expressa-se, a princípio, asselvajado, instintivo, na área da sensação, e depura-se lentamente, agigantando-se no campo da emoção.

Quando fruído, estimula o organismo e oferece-lhe reações imunológicas, que proporcionam resistência às células para enfrentar os invasores perniciosos, que são combatidos pelos glóbulos brancos vigilantes.

A força do amor levanta as energias alquebradas e torna-se essencial para a preservação da vida.

Quando diminui, cedendo lugar aos mecanismos de reação pelo ciúme, pelo ressentimento, pelo ódio, favorece a degeneração da energia vital, preservadora do equilíbrio fisiopsíquico, ensejando a instalação de enfermidades variadas, que trabalham pela consumpção dos equipamentos orgânicos...

Situação alguma, por mais constrangedora, ou desafio, por maior que se apresente, nas suas expressões agressivas, merecem que te niveles à violência, abandonando o recurso valioso do amor.

Competir com os não amáveis é tornar-se pior do que eles, que lamentavelmente ainda não despertaram para a realidade superior da vida.

Amá-los é a alternativa única à tua disposição, que deves utilizar, de forma a não te impregnares das energias deletérias que eles exalam.

Envolvê-los em ondas de afetividade é ato de sabedoria e recurso terapêutico valioso, que lhes modificará a conduta, senão de imediato, com certeza oportunamente.

O amor solucionará todos os teus problemas. Não impedirá, porém, que os tenhas, que sejas agredido, que experimentes incompreensão, mas te facultará permanecer em paz contigo mesmo.

É possível que não lhe vejas a florescência naquele a quem o ofertas; no entanto, a sociedade do amanhã vê-lo-á enfrutecer e beneficiar as criaturas que virão depois de ti. E isto, sim, é o que importa.

Quando tudo pareça conspirar contra os teus sentimentos de amor e a desordem aumentar, o crime triunfar, a loucura aturdir as pessoas em volta, ainda aí não duvides do seu poder. Ama com mais vigor e tranquilidade, porque esta é a tua missão na Terra: amar sempre.

Crucificado, sob superlativa humilhação, Jesus prosseguiu amando e em paz, iniciando uma Era Nova para a Humanidade, que agora lhe tributa razão e amor.

14
Correta visão da vida

Quando a criatura se resolve por diluir o véu da ignorância, que encobre a realidade da Vida espiritual, começa a libertar-se da mais grave cegueira, que é a propiciada pela vontade.

Cegos não são apenas aqueles que deixaram de enxergar, senão todos quantos se recusam a ver, sendo piores os que fogem das evidências a fim de permanecerem na escuridão.

A vida, por sua própria gênese, é de origem metafísica, possuindo as raízes poderosamente fincadas no Mundo transcendental, que é o causal. Expressando-se na condensação da energia, que se apresenta em forma objetiva, não perde o seu caráter espiritual; pelo contrário, vitaliza-se por seu intermédio.

Quando a consciência acorda e as interrogações surgem, aguardando respostas, as contingências do prazer fugaz e sem sentido cedem lugar a necessidades legítimas, que são as responsáveis pela estruturação do ser profundo, portanto, imortal.

Simultaneamente, os valores éticos se alteram, surgindo novos conceitos e aspirações em favor dos bens duradouros, que são indestrutíveis e passíveis de incessantes transformações para melhor na criatura.

Desperta-se-lhe, então, a responsabilidade, e a visão otimista do progresso assenhoreia-se de sua mente, estimulando-a a crescer sem cessar. A sensibilidade se lhe aprimora e seu campo de emoções alarga-se, enriquecendo-se de sentimentos nobres, que superam as antigas manifestações inferiores, tais o azedume, a raiva, o ressentimento, a amargura, a insatisfação...

Porque suas metas são mediatas, a confiança aumenta em torno da Divindade e as realizações fazem-se primorosas, conquistando sabedoria e amor, de que se exorna a fim de sentir-se feliz.

◆

Quando a criatura se encontra com a realidade espiritual, toda uma revolução se lhe opera no mundo interior.

Dulcifica-se o seu modo de ser e torna-se afável.

Tranquiliza-se ante quaisquer acontecimentos, mesmo os mais desgastantes, porque sabe das causalidades que elucidam todos os efeitos.

Nunca desanima, porque suas realizações não aguardam apoio ou recompensas imediatas.

Identifica no serviço do bem os instrumentos para conseguir a perfeita afinidade com o amor e doa-se.

Na meditação em torno dos desafios existenciais ilumina-se, crescendo interiormente, sem perigo de retrocesso ou parada.

Descobre no século os motivos próprios para a evolução e enfrenta-os com alegria, dando-se conta de que viver no mundo é aprender sempre, utilizando com propriedade cada minuto e acontecimento do cotidiano.

Usa as bênçãos da vida, porém, não abusa, de cada experiência retirando lições que incorpora às aquisições permanentes.

Acalma as ansiedades do sentimento, por compreender que tudo tem seu momento próprio para acontecer, e somente sucede aquilo que se encontra incurso no processo da evolução.

Aprende a silenciar, eliminando palavras excessivas na conversação, e, logrando equilíbrio mental, produz o silêncio mais importante.

Solidário em todas as circunstâncias, não se precipita, nem recua.

Conquista a paz e torna-se irmão de todos.

◆

Quando a criatura compreende que se encontra na Terra em trânsito, realizando um programa que se estenderá além do corpo, na Vida espiritual, realiza o autoencontro e, mesmo quando experimenta o fenômeno da morte, defronta a vida sem sofrer qualquer perturbação ou surpresa, mergulhando na Amorosa Consciência Cósmica.

Certamente, pensando em tal realidade, propôs Jesus: – *Busca primeiro o Reino de Deus e Sua Justiça, e tudo mais te será acrescentado.*

Despertar para a vida é imperativo de urgência, que não podes desconsiderar.

15
Saúde integral

A sofisticação tecnológica da Medicina atual ainda permanece na insustentável tese de que o homem são as células que lhe constituem a organização somática.

Negando, por sistema, a realidade do ser integral – Espírito, perispírito e matéria –, detém-se na conceituação ultrapassada, na qual o cérebro gera o pensamento, e a vida cessa quando se dá o fenômeno da anóxia, alguns minutos depois da parada cardíaca...

Desde Hipócrates, passando por Aécio e Galeno, a visão dualista somente vem encontrando confirmação e respeito, não se podendo mais negar a interação Espírito-matéria, mente-corpo, como termos da equação existencial.

Em face dessa constatação, convenciona-se que a saúde é mais do que a ausência de doença no organismo, sendo um conjunto de fatores propiciatórios ao bem-estar psicológico, econômico e social.

O paradigma da atualidade em torno da saúde leva o médico a examinar o paciente não mais como uma *cobaia*, ou alguém aflito de quem se deve libertar, mas como portador de muitos problemas que, não raro, a doença exterioriza, mascarando-os nas gêneses profundas do estado patológico.

Volve-se, desse modo, ao antigo sacerdócio médico, graças ao qual ele se torna amigo do paciente, seu confidente, seu companheiro, ajudando-o a drenar as emoções negativas recalcadas, a fim de dar campo à catarse libertadora das angústias e tormentos que sofre, para que, então, nele se instale de volta a saúde.

A saúde integral independe das drogas químicas e dos tratamentos cirúrgicos, não obstante esses sejam ainda valiosos instrumentos para sua aquisição.

É forçoso reconhecer-se que o ser atual é um somatório de experiências próximas e remotas. Tanto lhe constituem fatores degenerativos os conflitos próximos, da atual encarnação, quanto os transatos, das existências pretéritas.

Examinado desse ponto de vista, compreender-se-á a gama larga de fatores predisponentes como preponderantes para o estabelecimento da enfermidade ou da saúde.

Cumpre que se conscientizem os indivíduos em geral, e os enfermos em particular, que cada criatura é o resultado das realizações morais, espirituais da sua mente, como já observavam os gregos antigos...

A disposição para o otimismo ou para a autodestruição responderá pelos seus futuros comportamentos.

Nesse sentido, o Evangelho de Jesus é um excelente tratado de psicoterapia, cuja aplicação resultará em bem-estar e harmonia.

Toda a Mensagem de Jesus é vazada no conhecimento profundo do homem, considerando sua realidade transpessoal, na qual ressaltam o Espírito e sua condição de imortalidade.

Lentamente, em face do volume das aflições que dominam as paisagens humanas, e das enfermidades psicossomáticas de difícil diagnose, que levam a estados lamentáveis, a criatura sente-se convidada à valorização da vida, à descoberta dos seus recursos éticos, à autoestima, ao autoaprimoramento.

O amor, nesse cometimento, assume papel preponderante, em razão das energias que libera no sistema imunológico, fortalecendo-o, no sistema nervoso simpático e nos glóbulos brancos, fundamentais na luta pela preservação da saúde.

A visualização mental otimista, gerando energias que combatam ou anulem a enfermidade, produz *endorfinas* que atenuam a dor, auxiliando as células à remissão da doença.

Bombardeios mentais através da visualização, sobre tumores de origem cancerígena, logram alteração profunda no seu desenvolvimento, conseguindo mesmo eliminá-los. Todavia, se o sentimento de amor acompanha a descarga psíquica da vontade, estimulando as células saudáveis a se manterem em ritmo de equilíbrio enquanto as outras se consomem, a vibração da força transformadora será mais potente e portadora de resultados eficientes.

Nesse aspecto, o *querer* é imprescindível e o *crer*, essencial, em face da continuidade do fluxo mental, sem vacilações, suspeitas e receios que lhe interrompem essa continuidade.

A harmonia mental que decorre da relaxação confiante produz também o benéfico *estado alfa,* quando o cérebro libera ondas do mesmo nome no ritmo de oito a doze ciclos por segundo, ensejando a restauração da saúde, quando se está enfermo, ou a preservação dela, quando se encontra saudável.

Nesse campo, o autodescobrimento corajoso propicia a eliminação dos mecanismos do *ego* que levam à fuga da responsabilidade e do respeito por si mesmo, ensejando consciência de quem se é, do que se deve realizar e como se poderá fazê-lo.

A visão *junguiana* de saúde é conclusiva, convidando a uma revisão de paradigmas na Medicina tradicional e na tecnologia médica atual, redescobrindo os pacientes como pessoas necessitadas de amor, que se autopunem por ignorância e se autodestroem por desequilíbrio emocional, mediante pugnas íntimas incessantes...

O amor, que pertencia às áreas da Sociologia e da Filosofia, além das análises literárias, passa hoje a ser elemento fundamental para os conteúdos do comportamento e da conduta na preservação da sanidade.

Mantendo-se, desse modo, a recomendação do Evangelho sobre o amor a Deus, ao próximo e a si mesmo, na condição de experiência humana, mesmo que se instalem focos infecciosos no corpo ou se expressem distúrbios orgânicos de vária ordem, o paciente se torna terapeuta de si mesmo, auxiliando o médico e este àquele, a fim de que a meta essencial seja lograda – a alegria de viver saudavelmente.

Pode-se, portanto, experimentar saúde integral, mesmo que algum órgão se encontre comprometido, sem que isso altere o ser em profundidade, consciente de que o fenômeno biológico da morte somente encerra o ciclo carnal, jamais a vida.

A visão médica, com paradigmas holísticos em torno da saúde e da doença, faculta a possibilidade de uma perfeita interação corpo/alma, em razão do controle da mente sobre a matéria.

Uma organização fisiopsíquica sadia resulta da perfeita identificação entre o Espírito e o soma, como decorrência das reencarnações anteriores ou das conquistas atuais, preparando a existência em marcha para a plenitude.

16
Felicidade possível

Acreditavas que a felicidade seria semelhante a uma ilha fantástica de prazer constante e paz permanente. Um lugar onde não houvesse preocupação, nem se apresentasse a dor, no qual os sorrisos brilhassem nos lábios e a beleza engrinaldasse de festa as criaturas.

Uma felicidade feita de fantasias parecia ser a tua busca.

Planejaste a vida, objetivando encontrar esse reino encantado, onde, por fim, descansasses da fadiga, da aflição e fruísses a harmonia.

Passam-se os anos, e somos frustrações, anotando desencantos e amarguras, sem a anelada conquista.

Lentamente, entregas-te ao desânimo e sentes que estás discriminado no mundo, quando vês as propagandas apresentadas pela mídia, nas quais desfilam os jovens, belos e jubilosos, desperdiçando saúde, robustez, corpos venusinos e apolíneos, usando cigarros e bebidas famosas, brincando em iates de luxo, ou exibindo-se em desportos da moda, invejáveis, triunfantes...

Crês que eles são felizes...

◆

Não sabes quanto custa, em sacrifício e dor, alcançar o topo da fama e permanecer lá.

Sob quase todos aqueles sorrisos, que são estudados, estão a face da amargura e as marcas do ressaibo, do arrependimento.

Alguns envenenaram a alma nos charcos por onde andaram, antes de serem conhecidos e disputados.

Muitos se entregaram a drogas perturbadoras, que lhes consomem a juventude, qual ocorreu com as multidões de outros, que os anteciparam e desapareceram.

Esquecidos e enfermos, aqueles que foram pessoas-objeto amargam hoje a miséria a que se acolheram ou foram atirados.

◆

Felicidade, porém, é conquista íntima. Todos os que se encontram na Terra, nascidos em berços de ouro ou de palha, homenageados ou desprezados, belos ou feios, são feitos do mesmo *barro* frágil de carne e experimentam, de uma ou de outra forma, vicissitudes, decepções, doenças e desconforto.

Ninguém no mundo terreno vive em regime especial. O que parece não excede a imagem, a ilusão.

✦

Se desejas ser feliz, vive cada momento de forma integral, reunindo as cotas de alegria, de esperança, de sonho, de bênção, num painel plenificador.

As ocorrências de dor são experiências para as de saúde e de paz.

A felicidade não são coisas: é um estado interno, uma emoção.

Abençoa os *acidentes de percurso*, que denominas como desdita, segue na direção das metas, e verás quantas concessões de felicidade pela frente, aguardando por ti.

Quem avança monte acima pisa pedregulhos que ferem os pés, mas também flores miúdas e verdejante relva, que teimam em nascer ali, colocando beleza no chão.

Reúne essas florzinhas em um ramalhete, toma das pedras pequeninas fazendo colares e descobrirás que, para a criatura ser feliz, basta amar e saber discernir, nas coisas e nos sucessos da marcha, a Vontade de Deus e as necessidades para a evolução.

17
Sobreviverás

Multimilenária questão perturbadora, ela permanece na ceifa dos corpos, espalhando angústias, mutilando aspirações, levando ao desvario.

Muitas vezes paradoxal, adentra-se no lar e rouba o ser saudável, deixando o enfermo; recolhe o jovem, olvidando o ancião, sem qualquer respeito pelas afeições e anelos humanos.

Sorrateira, decepa alegrias, ou violenta, interrompe os planos de vida, assinalando sua passagem com o luto e a dor.

Para entendê-la, surgiram correntes filosóficas que se multiplicaram, debatendo sua realidade, sem conclusão definitiva.

A morte continua, apesar das admiráveis conquistas do pensamento e da inteligência, ameaçando os seres e assinalando-os com os ferretes da frustração, quando se acerca e toma nas mãos alguém que aspirava a continuar na vida física.

Em mecanismos escapistas, a sociedade vestiu-a de aparatos e adornou-a de rituais, em vãs tentativas de modificar-lhe o impacto ou diminuir-lhe o choque.

Solenidades e cerimoniais, longos quão inúteis, são apresentados para anular-lhe o efeito, ou servirem de recurso consolador em memória daqueles que foram arrebatados.

A morte, no entanto, dispensa todas as conceituações pessimistas dos que a consideram como o fim da vida, bem assim as roupagens com que procuram disfarçá-la, brindando com regalias os que seguem na sua barca.

Morrer é somente interromper o ciclo biológico, permanecendo na vida.

O Espírito, que vitaliza a matéria, preexiste e sobrevive a ela, sendo-lhe a causa, a força que a aciona e lhe dá espontaneidade.

A sobrevivência do ser à disjunção molecular pela morte é incontestável.

Em toda parte, e em tudo, ocorrem transformações sem aniquilamento. Da mesma forma, o ser humano, enquanto sua indumentária carnal se modifica sob a ação da adaga da morte, prossegue no rumo do Grande Lar de onde veio.

✦

Pensa com frequência no fenômeno da morte, a fim de te habituares com a ideia e não seres surpreendido quando a depares em alguém amado ou a enfrentes.

Fatalidade biológica, ela virá, hoje ou mais tarde, e terás que te submeteres ao seu imperativo.

Vive de tal forma que a qualquer momento te encontres em condições de aceitar-lhe a presença.

A morte liberta aquele que está encarcerado no corpo, cuja existência digna credencia-o à felicidade.

Da mesma forma, conserva aprisionado quem se deixou intoxicar pelos vapores da delinquência, derrapando no crime e na insensatez.

Cada qual sobrevive ao corpo conforme nele se conduziu.

Desse modo, a plenitude futura deve ser exercitada desde a viagem carnal, mediante a conduta mental, moral e vivencial a que se entrega o indivíduo.

◆

Não temas a morte, nem lamentes os que partiram.

Evita a rebeldia e a mágoa diante dela, considerando que somente há vida, embora em níveis vibratórios diferentes e faixas diferenciadas de evolução.

Recorda que o momento culminante da vida de Jesus Cristo foi o da Sua ressurreição, somente possível porque, antes, houve a morte.

Assim, vive cada instante libertando-te das paixões primitivas, até ocorrer a **tua morte, certo, porém, de que sobreviverás.**

18
Mediunidade e vida

Diante da mediunidade que te desvela o Mundo espiritual e te fala de responsabilidades graves, penetra a mente no seu estudo e absorve as instruções necessárias ao trânsito feliz, na execução do programa a que te vinculas.

Elegeste o compromisso que te exorna a vida antes da reencarnação.

Rogaste a oportunidade do serviço mediúnico, na condição de terapia abençoada para a própria existência.

Empenhaste os teus valores e esforços a fim de que os recursos mediúnicos te descerrassem as portas da imortalidade e pudesses adentrar pela Erraticidade tomando consciência da necessidade de brindá-la aos que estão anestesiados no corpo.

Recebeste a concessão como forma de libertação de complexos atavismos que te jugulavam a reminiscências dolorosas, responsáveis por sofrimentos atuais que te remanesciam como recurso depurativo.

Agora, que sentes a presença dos Espíritos cooperando contigo ou gerando alguma aflição, aprimora-te para servir-lhes de ponte no intercâmbio iluminativo, que a ti e a eles beneficiará.

Não relutes ante o serviço atraente, nem te consideres privilegiado, em caráter de exceção.

Mediunidade é porta de serviço que se abre, abençoada, em favor das criaturas de ambos os planos da vida.

✦

Não é responsável, a mediunidade, pelos fenômenos psicopatológicos que aturdem as criaturas humanas.

O Espírito é herdeiro de seus próprios atos.

A mediunidade, nos servidores negligentes e endividados, somente faculta que a sintonia com os desencarnados em débitos favoreça-os na execução dos programas de compromissos que ficaram interrompidos...

Obsessão, histeria, alucinação, epilepsia e outros distúrbios emocionais e mentais encontram-se ínsitos no ser endividado, que a terapia competente, na área médica como na mediúnica, soluciona, graças, sobretudo, à transformação moral do paciente para melhor.

Todo distúrbio tem suas raízes no ontem de quem o sofre.

A mediunidade é dádiva da vida para a existência humana, em forma de construção do bem permanente.

Vive-a em todos os instantes da tua existência, e experimentarás a ventura de servir e te iluminares.

◆

Paulo de Tarso tanto se empenhou na vivência do ministério que, médium de Jesus, incorporou-O ao seu cotidiano.

Teresa de Ávila, igualmente, absorveu o conteúdo dos contatos com o Senhor de tal forma que Lhe ofereceu a vida.

E Allan Kardec, tomando Jesus como Modelo e Guia para todos os seres, conclama-os à vivência dos deveres, estabelecendo a necessidade de serviço no bem, que transforma o exercício mediúnico em mediunato, vivendo a experiência transcendente que se lhe incorporará à vida.

Mediunidade com Jesus e Vida são termos da equação existencial para lograr-se a plenitude.

19
Ressonâncias do Natal

Na paisagem fria e sem melhor acolhimento, a única hospedaria à disposição era a gruta modesta onde se guardavam os animais.

Não havia outro lugar que O pudesse receber.

O mundo, repleto de problemas e de vidas inquietas, preocupava-se com os poderosos do momento e reservava distinções apenas para os que se refestelavam no luxo, bem como no prazer.

Aos simples e desataviados sempre se dedicavam a indiferença, o desrespeito, fechando-lhes as portas, dificultando-lhes os passos.

Mas, hoje, tudo permanece quase da mesma forma.

Não obstante, durante aquela noite de céu transparente e estrelado, entre os animais domésticos, em uma pequena baia, usada como berço acolhedor, nasceu Jesus, que transformou a estrebaria num cenário de luzes inapagáveis que prosseguem projetando claridade na noite demorada dos séculos, em mais de dois mil anos...

Inaugurando a era da humildade e da renúncia, Jesus elegeu a simplicidade, a fim de ensinar engrandecimento íntimo como condição única para a felicidade real.

O Seu Reino, que então se instalou naquela noite de harmonias cósmicas, permanece ensejando oportunidades de redenção a todos quantos se resolvam abrigar nas suas dependências.

E o Seu nascimento modesto continua produzindo ressonâncias históricas, antes jamais previstas.

Homens e mulheres que tomaram contato com Sua notícia e mensagem transformaram-se, mudando-se-lhes o roteiro de vida e o comportamento, convertendo-se, a partir de então, em luzeiros que apontam rumos felizes para a Humanidade.

◆

Guerreiros triunfadores passaram pelo mundo desde aquela época, inumeráveis.

Governantes poderosos estabeleceram reinos e impérios, que pareciam preparados para a eternidade, e ruíram dolorosamente.

Artistas e técnicos, de rara beleza e profundo conhecimento, criaram formas e aparelhagens sofisticadas para tornar a Terra melhor, e desapareceram.

Ditadores indomáveis e aristocratas incomuns surgiram no proscênio terrestre, envergando posição, orgulho e superioridade, que o túmulo silenciou.

...Estiveram, por algum tempo, deixando suas pegadas fortes, que tornaram alguns odiados, outros rechaçados e sob o desprezo das gerações posteriores.

Jesus, porém, foi diferente.

Incompreendido, o Cantor do Amor aceitou a cruz, para não anuir com o crime, e abraçou a morte para não se mancomunar com os *mortos*.

Por isso, ressurgiu, em triunfo e grandeza, permanecendo o *Ser mais perfeito* que jamais esteve na Terra, *como Modelo* que Deus nos ofereceu para *Guia*.

◆

Quando a Humanidade experimenta dores superlativas; quando a miséria socioeconômica assassina milhões de vidas que estertoram ao abandono; quando enfermidades cruéis demonstram a fragilidade orgânica das criaturas; quando a violência enlouquece e mata; quando os tóxicos arruínam largas faixas da juventude mundial, ao lado de outros males que atestam a falência do materialismo, ressurge a figura impoluta de Jesus, convidando à reflexão, ao amor e à paz, enquanto as ressonâncias do Seu Natal falam em silêncio: Ele, que tem salvado vidas incontáveis, pede para que tentes fazer algo, amando e libertando do erro pelo menos uma pessoa.

Lembrando-te d'Ele, na noite de Natal, reparte bondade, insculpe-O no coração e na mente, a fim de que jamais te separes d'Ele.

20

Anjos guardiães

Os anjos guardiães são embaixadores de Deus, mantendo acesa a chama da fé nos corações e auxiliando os enfraquecidos na luta terrestre.

Quais estrelas formosas, iluminam as noites das almas e atendem-lhes as necessidades com unção e devotamento inigualáveis.

Perseveram ao lado dos seus tutelados em toda circunstância, jamais se impacientando ou os abandonando, mesmo quando eles, em desequilíbrio, vociferam e atiram-se aos despenhadeiros da alucinação.

Vigilantes, utilizam-se de cada ensejo para instruir e educar, orientando com segurança na marcha de ascensão.

Envolvem os pupilos em ternura incomum, mas não anuem com seus erros, admoestando com severidade quando necessário, a fim de lhes criarem hábitos saudáveis e conduta moral correta.

São sábios e evoluídos, encontrando-se em perfeita sintonia com o Pensamento Divino, que buscam transmitir, de modo que as criaturas se integrem psiquicamente na harmonia geral que vige no Cosmo.

Trabalham infatigavelmente pelo bem, no qual confiam com absoluta fidelidade, infundindo coragem àqueles que protegem, mantendo a assistência em qualquer circunstância, na glória ou no fracasso, nos momentos de elevação moral e naqueloutros de perturbação e vulgaridade.

Nunca censuram, porque a sua é a missão de edificar as almas no amor, preservando o livre-arbítrio de cada uma, levantando-as após a queda, e permanecendo leais até que alcancem a meta da sua evolução.

Os anjos guardiães são lições vivas de amor, que nunca se cansam, porquanto aplicam milênios do tempo terrestre auxiliando aqueles que lhes são confiados, sem se imporem nem lhes entorpecerem a liberdade de escolha.

Constituem a casta dos Espíritos nobres que cooperam para o progresso da Humanidade e da Terra, trabalhando com afinco para alcançar as metas que anelam.

Cada criatura no mundo encontra-se vinculada a um anjo guardião, em quem pode e deve buscar inspiração, auscultando-o e deixando-se por ele conduzir em nome da Consciência Cósmica.

◆

Tem cuidado para que te não afastes psiquicamente do teu anjo guardião.

Ele jamais se aparta do seu protegido, mas este, por presunção ou ignorância, rompe os laços de ligação emocional e mental, debandando da rota libertadora.

Quando erres e experimentes a solidão, refaze o passo e busca-o pelo pensamento em oração, partindo de imediato para a ação edificante.

Quando alcances as cumeadas do êxito, recorda-o, feliz com o teu sucesso, no entanto preservando-te do orgulho, dos perigos das facilidades terrestres.

Na enfermidade, procura *ouvi-lo* interiormente te sugerindo bom ânimo e equilíbrio.

Na saúde, mantém o intercâmbio, canalizando tuas forças para as atividades enobrecedoras.

Muitas vezes sentirás a tentação de desvairar, mudando de rumo. Mantém-te atento e supera a maléfica inspiração.

O teu anjo guardião não poderá impedir que os Espíritos perturbadores se acerquem de ti, especialmente se atraídos pelos teus pensamentos e atos, em razão do teu passado, ou invejando as tuas realizações... Todavia te induzirão ao amor, a fim de que te eleves e os ajudes, afastando-os do mal em que se comprazem.

O teu anjo guardião é o teu mestre e amigo mais próximo.

Imana-te a ele.

◆

Entre eles, os anjos guardiães e Deus, encontra-se Jesus, o Guia perfeito da Humanidade.

Medita nas Suas lições e busca seguir-Lhe as diretrizes, a fim de que o teu anjo guardião te conduza ao aprisco que Jesus levará ao Pai Amoroso.